BEI GRIN MACHT SICH IHR WISSEN BEZAHLT

- Wir veröffentlichen Ihre Hausarbeit, Bachelor- und Masterarbeit

- Ihr eigenes eBook und Buch - weltweit in allen wichtigen Shops

- Verdienen Sie an jedem Verkauf

Jetzt bei www.GRIN.com hochladen und kostenlos publizieren

Bibliografische Information der Deutschen Nationalbibliothek:

Die Deutsche Bibliothek verzeichnet diese Publikation in der Deutschen Nationalbibliografie; detaillierte bibliografische Daten sind im Internet über http://dnb.d-nb.de/ abrufbar.

Dieses Werk sowie alle darin enthaltenen einzelnen Beiträge und Abbildungen sind urheberrechtlich geschützt. Jede Verwertung, die nicht ausdrücklich vom Urheberrechtsschutz zugelassen ist, bedarf der vorherigen Zustimmung des Verlages. Das gilt insbesondere für Vervielfältigungen, Bearbeitungen, Übersetzungen, Mikroverfilmungen, Auswertungen durch Datenbanken und für die Einspeicherung und Verarbeitung in elektronische Systeme. Alle Rechte, auch die des auszugsweisen Nachdrucks, der fotomechanischen Wiedergabe (einschließlich Mikrokopie) sowie der Auswertung durch Datenbanken oder ähnliche Einrichtungen, vorbehalten.

Impressum:

Copyright © 2018 GRIN Verlag
Druck und Bindung: Books on Demand GmbH, Norderstedt Germany
ISBN: 9783668777736

Dieses Buch bei GRIN:

https://www.grin.com/document/434876

Natalie Alber

Psychische Störungen in Handlungskontexten der Sozialen Arbeit

GRIN Verlag

GRIN - Your knowledge has value

Der GRIN Verlag publiziert seit 1998 wissenschaftliche Arbeiten von Studenten, Hochschullehrern und anderen Akademikern als eBook und gedrucktes Buch. Die Verlagswebsite www.grin.com ist die ideale Plattform zur Veröffentlichung von Hausarbeiten, Abschlussarbeiten, wissenschaftlichen Aufsätzen, Dissertationen und Fachbüchern.

Besuchen Sie uns im Internet:

http://www.grin.com/

http://www.facebook.com/grincom

http://www.twitter.com/grin_com

Natalie Alber

Seminar: Psychische Störungen in Handlungskontexten der Sozialen Arbeit (Edler SS18)

PORTFOLIO

1. Stellungnahme: Thema Diagnose Stellen Sie sich vor, erneut wird ein Gremium gebildet, dass der Psychiatrie Enquete aus dem Jahr 1975 ähnelt. Hauptthema ist der Umgang mit dem psychiatrischen Krankheitsbegriff in einer modernen Gesellschaft. Sie sind Teil dieses Gremiums und bestimmen mit, welche Bedeutung die Diagnose „psychisch krank" in Zukunft haben soll. Wie lauten Ihre Argumente?

Um „psychisch krank" definieren zu können, muss man zunächst einen Schritt zurückgehen und die Begrifflichkeiten „psychisch gesund" bzw. „normal" definieren und festlegen. Es gibt sehr unterschiedliche Definitionen von Normalität, die alle einen anderen Fokus und Schwerpunkt haben. Darunter kann eine statistische, kollektive, ideale, individuelle oder funktionelle Normalität verstanden werden. Diese Definitionen lassen sich allerdings nur bedingt in einen Zusammenhang mit psychischen Erkrankungen bzw. psychischer Gesundheit bringen. Für Payk entspricht die psychische Gesundheit „der individuellen Fähigkeit, sich realistisch den Anforderungen des Lebens ohne erschöpfendes Beanspruchtwerden [zu] stellen und ihnen innerhalb der zugehörigen Kommunität mit Selbstachtung und Durchhaltevermögen befriedigend nachkommen zu können." (Payk, 2015, S. 44). Diese Definition find ich persönlich sehr treffend, weil die Anforderungen des Lebens ständige Anpassungsfähigkeit erfordern. Ist das ganze Leben nicht ein andauernder Anpassungsprozess?

Angelehnt an diese Definition würde ich „psychisch krank" so definieren, dass eine psychische Erkrankung dann vorliegt, wenn der Mensch in seiner Leistungsfähigkeit und Lebensbewältigung massiv beeinträchtigt ist, unter dieser Situation enorm leidet und die Situation aus eigener Kraft heraus nicht verändern bzw. verbessern kann. Fraglich wird es nur bei den Menschen wie z.B. mit Schizophrenie, Wahnvorstellungen oder Manie, die eventuell keine „Krankheitseinsicht" haben. Interessant ist hier die Frage, wer bestimmt wer krank und wer gesund ist? Die Gesellschaft, das Gesundheitssystem oder der Mensch selbst?

In diesem Kontext frage ich mich wie Ronja von Rönne im Zeitungsartikel „Ihr seid die Gestörten!", ob wir nicht alle im Grunde etwas „gestört" sind und diese Erkenntnis uns wiederrum „normal" erscheinen lässt. In unserer Gesellschaft herrscht das Ideal eines andauernd glücklichen und zufriedenen Menschen. Jedoch ist es eben nur ein Idealbild, welches nur einen kleinen Ausschnitt der Realität widerspiegelt und ist es nicht gerade „normal" unter „Ängsten, Niedergeschlagenheit, Sinnestäuschungen und Gedächtnislücken" (Payk, 2015, S. 2) zu leiden? Jedenfalls in einem gewissen Maße. Einen abnormen Charakter erhalten die Zustände bzw. Symptome erst, wenn sie in ausgeprägter Form erscheinen und über einen längeren Zeitraum bestehen bleiben oder chronisch werden.

Trotz dessen fände ich es sinnvoll, eine Grenze zwischen „psychisch krank" und „psychisch gesund" zu ermitteln, was wiederrum sehr schwierig ist, weil der Übergang nahezu fließend ist (Payk, 2015, S. 6). Diese Grenzziehung ist meiner Meinung nach notwendig, weil sie PsychiaterInnen und PsychotherapeutInnen helfen kann, ernsthafte psychische Störungen wahrzunehmen, zu erfassen, zu bewerten und zu zuordnen und Betroffenen adäquate Therapien und Hilfestellungen anbieten zu können. Ohne diese Einordnung und Klassifizierung wie es im ICD 10 operationalisiert wird, würden die angeordneten (oder eben nicht angeordneten) Behandlungen willkürlich verlaufen mit der Gefahr, dass ernsthafte und behandlungswürdige psychische Erkrankungen unentdeckt und unbehandelt bleiben.

So komme ich nach der Zusammentragung meiner Argumente zu dem Fazit, dass ich eine allgemeingültige Grenze zur Diagnosestellung einer psychischen Erkrankung sowie deren Definition (siehe oben) für sinnvoll erachte, jedoch nur unter Berücksichtigung der individuellen Situation und des Interventionsbedarfs. Wenn ein Mensch psychotherapeutische Hilfe sucht, dann sollte er diese auch bekommen. Insgesamt aber sollte ein Mensch selbst entscheiden können, ob er sich nun „psychisch krank" oder „psychisch gesund" fühle und nicht in irgendwelche Störungen, Abnormitäten, Erkrankungen oder Syndrome hineingezwungen werden. Allerdings nur unter dem Vorbehalt, dass er andere damit nicht gefährdet.

Quellen:

Payk, T. (2015). Psychopathologie. Vom Symptom zur Diagnose (4. Aufl.). Berlin Heidelberg: Springer Verlag.

Von Rönne, R. (2015). Ihr seid die Gestörten. Die Welt, 2015, 23-24. Seminarfolien Diagnose und Klassifikation

2. Stellungnahme: Thema Epidemiologie

Recherchieren Sie Risikofaktoren, die dazu führen können psychisch zu erkranken. Beziehen Sie dabei epidemiologische Studien ein. Stellen Sie auch eigene Vermutungen auf

Aufgrund der zunehmenden Prävalenz und des großen Bedeutungszuwachses von psychischen Erkrankungen für das Gesundheitssystem wurde die „Studie zur Gesundheit Erwachsener in Deutschland" (DEGS1) ebenso wie bereits im Bundes-Gesundheitssurvey 1998 (BGS98) um das Modul „psychische Gesundheit" (DEGS-MHS) erweitert. Ziel dieser Modulerweiterung war es, eine ausdifferenzierte Bestimmung der Häufigkeit psychischer Erkrankungen in Hinblick auf unterschiedliche Alters- und Geschlechtsgruppen, die Risikofaktoren, die psychischen und sozialen Behinderungen sowie die aktuelle Versorgungs- und Bedarfssituation zu erfassen (Kurt, 2012, S.988).

Häufig wurden folgende Risikofaktoren in der Studie erfasst: Alter − Geschlecht − Wohn-/ Herkunftsort − Beruf − sozioökonomischer Status − Zeit / Epoche. Bei der Erfassung von Depressionen im DEGS1 fällt insbesondere bei Frauen im Alter von 45-64 Jahren auf, dass bei ihnen doppelt so häufig (ca. 20 %) jemals eine Depression diagnostiziert wurde als bei Männern im selben Alter (ca. 10 %). Folgend kann gesagt werden, dass das weibliche Geschlecht ein Risikofaktor für eine psychische Erkrankung darstellt. Jedoch kann nur ein einzelner Risikofaktor niemals die Ursache einer psychischen Störung sein. Es ist vielmehr ein wechselseitiges Zusammenspiel von „negativen und krankhaften" biologischen, psychischen sowie sozialen Faktoren, wie es das sogenannte Vulnerabilitäts-Stress-Modell beschreibt, die eine psychische Erkrankung entstehen lassen (Gesundheitsberichterstattung des Bundes, 2010, S. 14).

Prävalenz darf nicht mit Behandlungsbedarf und -möglichkeiten gleichgesetzt werden. So zeigt der Bundesgesundheitssurvey (Wittchen, 2000), dass mehr als die Hälfte der Betroffenen mit somatoformen Störungen, Panikstörungen und Affektiven Störungen unversorgt blieben und keinerlei Interventionsmaßnahmen erhielten. Bei Personen mit Substanzstörungen waren es sogar 71 % ohne Behandlung. Inmitten dieser scheinbaren psychotherapeutischen Unterversorgung müssen allerdings weitere Gründe für das NichtBehandeln berücksichtigt werden wie z.B. die Motivation des Betroffenen, das psychosoziale Umfeld, das Vorhandensein von Behandlungsmöglichkeiten sowie Spezialisierung der PsychiaterInnen und PsychotherapeutInnen auf bestimmte psychische Erkrankungen und Wirtschaftlichkeit.

Meine Vermutung ist, dass das Nicht-Behandeln von psychischen Erkrankungen enorme Auswirkungen auf den Einzelnen und die Gesellschaft hat. Dadurch, dass psychische Erkrankungen häufig früh auftreten aber lange unbehandelt bestehen bleiben, werden sie zur Herausforderung alternder Gesellschaften. Diese Problematik wird ebenfalls in den Ergebnissen der großen Studien sichtbar. Sie zeigt wie unbefriedigend die derzeitige Versorgungssituation ist und was für eine immense Größenordnung psychische Erkrankungen haben und das auf diesem Gebiet noch sehr viel in Hinblick auf Prävention, Intervention und bedarfsgerechte sowie flächendeckende Versorgung getan werden muss.

Quellen:

Jacobi, F.; Höfler, M.; Strehle, J.; et al. (2014) Psychische Störungen in der Allgemeinbevölkerung: Studie zur Gesundheit Erwachsener in Deutschland und ihr 5 Zusatzmodul Psychische Gesundheit (DEGS1- MH). Der Nervenarzt 85:77-87

Jacobi, F.; Höfler, M.; Strehle, J.; et al. (2016). Erratum zu: Psychische Störungen in der Allgemeinbevölkerung. Studie zur Gesundheit Erwachsener in Deutschland und ihr Zusatzmodul "Psychische Gesundheit" (DEGS1-MH). Der Nervenarzt 87:88-90 16.

Gesundheitsberichterstattung des Bundes Robert Koch-Institut in Zusammenarbeit mit dem Statistischen Bundesamt Heft 51 September 2010 Depressive Erkrankungen.

B.-M. Kurth, 2012 Robert Koch-Institut, Berlin Erste Ergebnisse aus der „Studie zur Gesundheit Erwachsener in Deutschland" (DEGS) in | Bundesgesundheitsblatt - Gesundheitsforschung - Gesundheitsschutz 8 · 2012

3. Stellungnahme:
Thema Forschungsprojekt Entwerfen Sie ihre eigene Studie entlang des Forschungsprozess Schritte 1-5.

1. Entwicklung der Problemstellung: Überlegen was man wissen will – Hypothesen
Forschungsfeld: Psychiatrische Komorbidität bei Alkoholismus
Das Statistische Bundesamt verzeichnete 2015 insgesamt 1 230 330 Menschen mit Psychischen und Verhaltensstörungen (F00-F99), 326 971 davon wurden durch Alkoholismus (F10) verursacht (Statistisches Bundesamt, 2015, S.126). Schätzungen zufolge sind 1,3 bis 2,5 Millionen Menschen alkoholabhängig. Typisch für eine Alkoholproblematik ist, dass sie häufig zusammen mit anderen psychischen Störungen auftritt. Am häufigsten kommen dabei Depressionen, Angststörungen, Borderline-Persönlichkeitsstörungen und Medikamentenmissbrauch vor. Diese können eine Folge des Alkoholproblems sein – sie können aber auch schon vorher bestanden und dann möglicherweise das problematische Trinken ausgelöst haben. Ich möchte mithilfe einer Korrelationsstudie (Meyer) herausfinden, ob es einen Zusammenhang zwischen Depressionen und Alkoholismus gibt und wenn ja wie das Verhältnis zwischen den beiden Störungen ist.

Mögliche Fragestellungen:
1. Besteht ein Zusammenhang zwischen Alkoholismus und Depressionen?
2. Sind Depressionskranke häufiger von Suchterkrankungen betroffen als psychisch Gesunde?
3. Sind Suchtkranke gleichzeitig psychisch Kranke?
4. Wie ist das Verhältnis von Alkoholismus und Depressionen?
5. Begünstigt Alkoholismus die Entwicklung einer Depression oder kann eine Depression Auslöser für eine Alkoholanhängigkeit sein?
6. Wie ist die Prävalenz von Depressionen bei Alkoholismus?

2. Theoretischer Rahmen (Literaturrecherche)
In der psychiatrischen Forschung gibt es folgende Überlegungen und theoretische Modelle zur Komorbidität (Doppeldiagnose) bei Alkoholismus:
Annahme 1: Es ist nur Zufall, dass beide Erkrankungen (die psychische Erkrankung und die Abhängigkeitserkrankung) gemeinsam bei jemandem auftreten.
Annahme 2: Die psychische Erkrankung war zuerst da, und dadurch ist man eher bereit, Alkohol oder Drogen zu nehmen.

Annahme 3: Es ist genau anders herum; die Alkohol- oder Drogenabhängigkeit war zuerst da, und dadurch kann sich dann eine psychische Erkrankung entwickeln. Annahme 4: Jemand, der psychisch krank ist, greift vielleicht extra und aktiv zu Alkohol oder Drogen, weil er denkt, dass es ihm dann mit der psychischen Erkrankung besser geht. Das ist aber nicht der Fall, weil er dann noch eine weitere Krankheit dazu bekommt: die Abhängigkeit. Und damit wird es schlimmer. Annahme 5: Es gibt ein oder mehrere Gründe für beide Krankheiten (Driessen, 1999, S. 2ff.)

3. Konzeptionelle Phase: Projektplan – Studiendesign

Für die Beantwortung der Forschungsfrage eignet sich eine quantitative Korrelationsmethode in Form eines standardisierten Fragebogens.

4. Umsetzung und Operationalisierung: Fragen, Methoden, Messinstrumente entwickeln

Die Forschungsfrage, ob ein Zusammenhang zwischen Alkoholismus und Depressionen besteht kann mittels einer Korrelationsstudie untersucht und befragt werden. Als Erhebungsinstrument könnte ein Fragebogen dienen, der das gemeinsame Auftreten von zwei Merkmalen erfragt.

5. Auswahl der Untersuchungseinheit: Fall aussuchen, Stichprobe bestimmen

Um die Gütekriterien Objektivität, Reliabilität und Validität der empirischen Sozialforschung einzuhalten und zu gewährleisten würde ich eine Zufallsstichprobe aus Männer und Frauen auswählen um zunächst herauszufinden, ob es eine positive Signifikanz (+1) zwischen Alkoholismus und Depressionen gibt oder ob es sogar mehr Depressionskranke ohne Alkoholanhängigkeit gibt und umgekehrt.

Quellen:
Statistische Bundesamt, Statistischen Jahrbuch 2017 Driessen, M. (1999). Psychiatrische Komorbidität bei Alkoholismus und Verlauf der Abhängigkeit. Berlin: Springer.

4. Stellungnahme

Anwendung des BPS Modells auf den Fall M.. Analysieren Sie den Fall M. hinsichtlich möglicher Entstehungs- und Resilienzfaktoren unter Anwendung des Biopsychosozialen Modells.

Entstehungsfaktoren Fall Frau M.

biologisch:
-Frau M. hatte bereits mehrere Anfälle in der Vergangenheit nach Streitigkeiten
-Bewusstlosigkeit, Taubheitsgefühl und Aphasie nach starker Aufregung
-Aktuell: rechter Unterschenkel ist gelähmt, Schweregefühl in der rechten Seite ihres Körpers

psychologisch:
-Frau M. reagiert auf minimale Ereignisse übertrieben und sehr emotional
-Frau M. regt sich sehr schnell auf
-Frau M. dramatisiert Ereignisse
-Frau M. ist sehr fürsorglich und um ein harmonisches Zusammenleben mit ihrer Familie und ihren Mitmenschen bemüht

ökosozial:
-niedriger sozioökonomischer Status: Arbeiterfamilie
-nur Grundschule besucht
-Arbeitseintritt mit 16 in einer Textilfirma
-Tod beider Elternteile durch Herzleiden

Resilienzfaktoren Fall Frau M.

biologisch:
-Frau M. ist kognitiv, zeitlich und zu ihrer Person orientiert
-Körperliche Parameter/ Vitalzeichen sind im Normbereich
-Unauffälliger neurologischer Befund

psychologisch:

-Frau M. ist ein sehr geselliger Mensch
-Frau M. bemüht sich um Harmonie
-Frau M. ist vielseitig interessiert
-Frau M. ist am Wohl ihrer Mitmenschen interessiert

ökosozial:
-Mit 19 Eheschließung
-Frau M. hat 6 Kinder, drei Töchter und drei Söhne
-Frau M. empfindet das Familienleben und ihre Ehe als erfolgreich
-Frau M. hat ein gutes soziales Netzwerk und gute Beziehungen zu Freunden und zu Nachbarn
-Harmonische und friedliche häusliche Athmosphäre

5. Stellungnahme
Der Mensch ist Teil der Umwelt. Der Mensch gestaltet und lebt in dieser Umwelt. Bitte nehmen Sie Stellung zu folgender Frage: Was macht eine Umwelt freundlich für eine affektive Störung? Kapitel 6 u. 7. Dörner, K.; et al. (Hrsg.) (2017). Irren ist menschlich. 24. Auflage. Psychiatrie Verlag

Nach ICD-10 wird eine affektive Störung (F30-F39) definiert als eine Störung des Affekts zwischen den Polen Depression und Manie (Veränderung der Stimmung oder der Affektivität entweder zur Depression - mit oder ohne begleitende(r) Angst - oder zur gehobenen Stimmung). Der Alltag und die Umwelt für Menschen mit affektiven Störungen kann auf mehreren Ebenen freundlich und förderlich gestalten werden.

    PERSONELLE EBENE
- Krankheitseinsicht
- Medikamentencompliance
- Erkennen von Frühwarnzeichen
- die eigenen Bedürfnisse kennen und respektieren
- Bereitschaft Hilfe anzunehmen
- Aufbau einer tragfähigen therapeutischen Beziehung
- in Bewegung bleiben
- soziale Kontakte pflegen

- Auf Warnsignale achten
- Notfallplan ausarbeiten und anwenden
- auf die Gegenwart konzentrieren
- für Ruhe und Entspannung sorgen
- die eigenen Grenzen kennen und diese nicht überschreiten

ZWISCHENMENSCHLICHE/FAMILIÄRE EBENEN
- eine lebensbejahende, warmherzige, harmonische, von Respekt und Vertrauen getragene Atmosphäre zu fördern
- jeden Betroffenen individuell mit der eigenen Biographie annehmen
- körperliche Gesundheit, Familie und Beruf stärken
- Miteinbeziehen der Familienangehörigen und Aufklärung über die Erkrankung
- Auf Sorgen und Nöte eingehen und diese ernst nehmen

THERAPEUTISCHE EBENE
- Kognitive Verhaltenstherapie um die Lebensqualität und die soziale Funktion zu verbessern
sowie depressive Symptome und Rückfallrisiko zu reduzieren
-Familienzentrierte Therapie um Empathie und Verständnis der Familienangehörigen zu fördern und durch Aufklärung für die Erkrankung zu sensibilisieren
- Interpersonelle und Sozialrhythmus-Therapie mit dem Ziel Schlaf-Wach-Rhythmen zu stabilisieren, zwischenmenschliche Probleme zu mindern und die Medikamentencompliance zu erhören
- Konkrete Lösungsstrategien erarbeiten (Notfallplan für akute Phasen)
- Umgang mit Stress erlernen, Stressbewältigungsstrategien erarbeiten
- Ressourcen und Selbstheilungskräfte aktivieren
- Selbstbestimmung fördern
- Resilienzförderung
- Geduld
- Entspannungsverfahren erlernen
- Tagesablauf strukturieren
- individuelle Nachsorge organisieren
- Behandlung/Medikamente berücksichtigen

Quellen:

Benkert, O., Hautzinger, M. & Graf-Morgenstern, M. (2008). Psychopharmakologischer Leitfaden für Psychologen und Psychotherapeuten. Heidelberg: Springer Medizin Verlag.

Plößl, I. & Hammer, M. (2015). Irre verständlich. Köln: Psychiatrie Verlag Kapitel 6 u. 7. Dörner, K.; et al. (Hrsg.) (2017). Irren ist menschlich. 24. Auflage. Psychiatrie Verlag

6. Stellungnahme
Posttraumatische Belastungsstörung

Bitte nehmen Sie Stellung zu einer der folgenden Fragestellungen: Recherche zu Therapieevaluation: Welche Therapieformen sind hilfreich? Wie würden Sie diese Ergebnisse bewerten?

Auf der Suche nach hilfreichen Therapieformen bei einer posttraumatischen Belastungsstörung bin ich auf mehrere Wissenschaftliche Medizinische Fachgesellschaften wie die Deutschsprachige Gesellschaft für Psychotraumatologie (DeGPT) gestoßen. Diese entwickeln „Leitlinien" für die Therapie von psychischen Erkrankungen, die auf aktuellen wissenschaftlichen Erkenntnissen basieren und sich in der Praxis bewährt haben. Im Auftrag der Wissenschaftlichen Medizinischen Fachgesellschaften werden die „Leitlinien" vom AWMF erfasst und publiziert. So hat die AWMF auch eine Patientenversion zu „S3- Leitlinie Posttraumatische Belastungsstörung" (AWMF, 2012) publiziert. Allerdings muss dazu gesagt werden, dass die Leitlinie seit mehr als 5 Jahren nicht aktualisiert wurde und sich derzeit in der Prüfung befindet. Im Folgenden werde ich bewährte Therapieformen bei einer Posttraumatischen Belastungsstörung aus der Leitlinie vorstellen.

Ursächlich für eine Traumatische Belastungsstörung ist ein vorausgegangenes Trauma. Traum wird als „Verletzung körperlicher oder seelischer Art" definiert und kann nach Gewaltverbrechen, Vergewaltigung, Krieg, Verkehrsunfällen oder auch nach schweren Organerkrankungen auftreten. Unter diesem Gesichtspunkt sollten der Schutz vor weiterer Traumaeinwirkung, kein Täterkontakt, möglichst frühzeitige Traumatherapie,

Psychoedukation und Aufklärung zur PTBS die ersten Interventionsschritte sein (AWMF, 2012, S.6).

Nachdem die ersten Interventionsschritte erfolgt sind, soll der Patient durch engmaschige Betreuung durch qualifizierte Psychotherapeuten, Krisenmanagement, ressourcenstärkende Maßnahmen (z.B. Distanzierungstechniken, imaginative Verfahren wie der innere sichere Ort) sowie medikamentöse Behandlung insbesondere mit Antidepressiva, traumaspezifisch stabilisiert werden.

Ist der Patient stabil genug, so kann mit der Traumabearbeitung begonnen werden. Der Schutz vor weiterer Traumaeinwirkung sowie ausreichende seelische Stabilität sind Voraussetzung für die Auseinandersetzung mit dem traumatischen Erlebnis. Hier wird die Begleitung durch einen ausgebildeten Traumatherapeuten empfohlen mit dem Ziel der Verarbeitung unter geschützten therapeutischen Bedingungen (AWMF, 2012, S.7).

Spezifisch für die Therapie einer PTBS haben sich die KVT (kognitive Verhaltenstherapie) und EMDR (Abkürzung für Eye Movement Desensitization and Reprocessing) etabliert. Schwerpunkt der KVT liegt im Angstbewältigungstraining und die Entwicklung Resilienz stärkender Verhaltensweisen. EMDR ist ein Konfrontationsverfahren, bei dem mittels Augenbewegungen eine beschleunigte Verarbeitung des Traumas erfolgen soll. Bei bestehender Komorbidität mit Angststörungen und Depressionen kann die Psychotherapie mit Antidepressiva kombiniert werden. Die besten Therapieerfolge wurden mit den selektiven Serotonin-Wiederaufnahmehemmer (SSIR) Paroxetin und Sertralin erzielt (Benkert, Hautzinger & Graf-Morgenstein, 2008, S. 179).

Die genannten Methoden werden seit Jahren in der Traumatherapie erfolgreich eingesetzt und erweisen sich als wirksame Therapieformen in der Behandlung von Posttraumatischen Belastungsstörungen.

Quellen:

Benkert, O., Hautzinger, M. & Graf-Morgenstern, M. (2008). Psychopharmakologischer Leitfaden für Psychologen und Psychotherapeuten. Heidelberg: Springer Medizin Verlag.

Leitlinie der Deutschsprachigen Gesellschaft für Psychotraumatologie (DeGPT) et al.: Posttraumatische Belastungsstörung. AWMF-Leitlinien-Register Nr. 051/010 (Stand: August 2011)

7. Stellungnahme

Sucht - Alkohol:

Welche Präventionsmaßnahmen zur Alkoholkonsumstörung werden in der BRD umgesetzt (wählen Sie EINE Maßnahme aus und erläutern Sie sie)? Welche Präventionsangebote könnte/sollte es zusätzlich geben (erfolgreiche Maßnahmen aus dem Ausland, eigene Ideen,...)?

Motivbasierte Intervention am Krankenbett im Rahmen des Projektes „HaLT – Hart am Limit"

„HaLT- Hart-am-Limit" ist ein niedrigschwelliges, alkoholmissbrauchsspezifisches Präventionsprojekt für Kinder und Jugendliche, welches von 2004 bis 2007 als Bundesmodellprojekt vom Bundesministerium für Gesundheit gefördert wurde und mittlerweile an 129 Standorten in Deutschland angeboten wird. Grund für die Installation des Präventionsprogramms war ein deutlicher Anstieg der stationären Krankenhausbehandlungen wegen einer Alkoholvergiftung im Kindes- und Jugendalter im Verlauf der letzten zehn Jahre.

Im Rahmen des Projektes soll es Jugendlichen, die stationär wegen einer Alkoholvergiftung behandelt werden, ermöglicht werden eine Kurzintervention in Form eines Gespräches (Brückengespräch) und eine Tablet-Computer-gestützte Beratung in Anspruch nehmen zu können. Zusätzlich findet ein mehrtägiges erlebnispädagogisches Angebot (Risiko-Check) und ein Abschlussgespräch statt. Eltern werden im HaLT- Projekt ebenfalls miteinbezogen und können das „Elterngespräch" mit einer Präventionsfachkraft nutzen.

Das Brückengespräch orientiert sich an den Vorgaben des HaLT- Handbuches. Im Gespräch sollen die Jugendlichen motiviert werden, verantwortungsvoller mit Alkohol umzugehen und für die eigenen Grenzen sowie die Gefahren von Alkohol sensibilisiert werden. Dazu wurden auf Grundlage der aktuellen Präventionsliteratur ein Manual sowie bedürfnisorientierte und trinkmotivbasierte Übungen entwickelt. Die Jugendlichen können die Übungen beispielsweise am Tablet im Krankenhaus oder Zuhause im Internet durchführen. Insgesamt gibt es vier unterschiedliche Trinkmotivgruppen, sodass die Übungen an die individuellen Motive und Bedürfnisse angepasst werden können. Die Trinkmotive lauten: Verstärkungsmotive, soziale Motive, Konformitätsmotive und Bewältigungsmotive. Im Jahre 2012 wurde das HaLT-Hart am Limit- Projekt einer Wirksamkeitsprüfung unterzogen und evaluiert. Insgesamt wurde das HaLT- Projekt von den Jugendlichen und den HaLT-Mitarbeitern als sehr positiv bewertet. Der Ansatz erwies sich als „hocheffektiv" in Bezug auf eine Reduzierung der Trinkmotive, des Alkoholkonsums allgemein und der trinkmotivrelevanten Situationen. Kritikpunkte und Verbesserungsvorschläge galten der Durchführbarkeit in der Praxis durch mehr Fachpersonal und der Ausgestaltung der Übungen durch zielgruppenspezifische Ausrichtung auf die Bedürfnisse und Motive.

Quellen:

https://www.bundesgesundheitsministerium.de/fileadmin/Dateien/5_Publikationen/Drogen_und_Sucht/Berichte/Forschungsbericht/Abschlussbericht_Motivbasierte_Intervention_am_Krankenbett_im_Rahmen_des_Projektes_HaLT_-_Hart_am_Limit.pdf [Zugriff am 19.07.2018]

BEI GRIN MACHT SICH IHR WISSEN BEZAHLT

- Wir veröffentlichen Ihre Hausarbeit, Bachelor- und Masterarbeit

- Ihr eigenes eBook und Buch - weltweit in allen wichtigen Shops

- Verdienen Sie an jedem Verkauf

Jetzt bei www.GRIN.com hochladen und kostenlos publizieren